# Las celebraciones en el mundo

por Helen Gregory

## Tabla de contenidos

Celebraciones de otoño................2
Celebraciones de invierno ...........6
Celebraciones de primavera......10
Celebraciones de verano............14

Consultora:
Adria F. Klein, Ph.D.
California State University, San Bernardino

capstone classroom
Heinemann Raintree • Red Brick Learning
division of Capstone

# Celebraciones de otoño

En otoño, en el mes de octubre, los alemanes hacen una celebración para honrar el día de la boda de un rey. Escuchan y bailan polcas.

En noviembre, los estadounidenses celebran el Día de Acción de Gracias. Las personas celebran la cosecha, y agradecen preparando comidas especiales.

En la India, se celebra el *Diwali*. Las personas encienden lamparitas de aceite en su casa.

El *Rosh Hashanah* es la celebración del Año Nuevo Judío. Las familias judías comen manzanas con miel.

# Celebraciones de invierno

En los Estados Unidos, algunas personas celebran el Kwanzaa durante el invierno. Las familias aprenden acerca de la cultura y los valores africanos.

El 13 de diciembre, el pueblo sueco celebra el festival de la luz. Las niñas se visten como Santa Lucía y llevan velas.

Los chinos celebran el Año Nuevo Chino. Se dice que la danza del dragón trae buena suerte.

En Polonia y en otros países, se celebra el Día de los Reyes Magos. Las personas se visten como los personajes del relato de la Navidad.

# Celebraciones de primavera

En Suecia, las familias bailan alrededor del palo de mayo el Día de Mayo. El palo de mayo se decora con cintas y flores para recibir la primavera.

Los camboyanos celebran el Año Nuevo en primavera. La gente baila y va a ver los desfiles con la familia y los amigos.

Los mexicanos celebran el Cinco de Mayo. Los niños rompen piñatas. Las personas bailan con trajes muy coloridos.

El 22 de abril se celebra el Día del Planeta Tierra en todo el mundo. La gente planta árboles y aprende a proteger a nuestro planeta.

# Celebraciones de verano

El *Tanabata* es el festival de las estrellas japonés. Las personas escriben sus deseos en tiras de papel que cuelgan de ramas de bambú.

El 4 de julio, los estadounidenses celebran su independencia. Van de campamento, comen al aire libre y miran los fuegos artificiales.

Todos celebramos días especiales.
¿Cuál es tu preferido?